MÉMOIRE

ADRESSÉ

A L'ASSEMBLÉE NATIONALE,

POUR

LES MAIRE ET OFFICIERS MUNICIPAUX

DE LA VILLE DE LYON;

CONTRE

LE DIRECTOIRE DU DÉPARTEMENT

DE RHONE ET LOIRE.

A PARIS,

De l'Imprimerie du Cercle Social, rue du Théâtre Français, n°. 4.

L'AN QUATRIÈME DE LA LIBERTÉ

MÉMOIRE

ADRESSÉ

A L'ASSEMBLÉE NATIONALE,

POUR les maire et officiers municipaux de la ville de Lyon ;

CONTRE le directoire du département de Rhône et Loire.

Les officiers municipaux de la ville de Lyon, qui viennent réclamer aujourd'hui à la barre de l'assemblée nationale, contre les arrêtés vexatoires et oppressifs des directoires du district et du département, sont ceux qui en 1791 ont osé prendre le timon des affaires, au moment où des hommes qui avoient eu avant eux la confiance du peuple, abandonnoient ses intérêts, les uns par crainte, les autres par malveillance.

La municipalité, désorganisée par la défection de ses membres, n'offroit plus de point de ralliement aux patriotes ; les conspirateurs, affranchis de la surveillance salutaire qui avoit déjoué leurs manœuvres, se livroient à de nouveaux complots. Lyon, devenu le foyer de toutes les conspirations de l'intérieur, étoit travaillé dans tous les sens par les ennemis publics, que l'espoir de renverser le nouvel ordre de choses avoit attiré dans ses murs. Déjà un parti nombreux se formoit, des chefs audacieux *Guillin*, *Descars* et *Terrasse* avoient ourdi cette fameuse trame. Tout étoit perdu sans la vigilance des chefs de la commune ; ils déployèrent la plus grande énergie contre les coupables, ils calmèrent le courroux du peuple, et Lyon et la France entière furent sauvés !

Depuis cette époque la ville n'a cessé d'être en proie aux agitations de toute espèce ; les officiers municipaux ont eu à lutter contre de nouveaux conspirateurs ; il a fallu toute la patience, toute l'activité, tout le dévouement de ces magistrats populaires pour maintenir la tranquillité, au milieu des dangers dont ils sont encore environnés.

Devoient-ils donc s'attendre que pour prix de leur zèle et en récompense des travaux gratuits auxquels ils se livrent journellement pour le salut du peuple, leur conduite seroit calomniée de la manière la plus affreuse? Devoient-ils s'attendre que leurs opérations seroient contrariées, leurs intentions travesties, et leurs actes amèrement et injurieusement censurés par des administrations supérieures? Devoient-ils enfin se trouver forcés de repousser les attaques de ces mêmes corps administratifs, dont au contraire ils avoient droit d'espérer secours et protection?

Ils étoient loin, sans doute, d'être préparés à tant de dégoûts? Cependant ils les auroient supportés sans se plaindre, si le peuple de Lyon avoit pu rester spectateur indifférent. Ce n'est qu'avec la plus grande peine que ce peuple a vu ses délégués immédiats livrés à la diffamation par les directoires de district et du département; ce n'est donc plus le cas de dissimuler les injures faites à la municipalité, et d'en laisser ignorer les causes. L'opinion publique a reçu son impulsion, il faut qu'elle se fixe invariablement pour ou contre les accusés.

D'après un récit simple et une discussion abrégée des faits, on jugera facilement qui de la municipalité ou du département mérite la censure et l'animadversion du corps législatif.

A peine la nouvelle municipalité eut-elle fait quelques pas dans son administration ; à peine eut-elle fait disparoître d'un tableau armorial, le signe de l'orgeuilleuse distinction dont se paroient les anciens prévôts et échevins ; à peine eut-elle mis à la place, la déclaration des droits de l'homme, et exposé ces nouvelles tables à l'admiration des citoyens patriotes, que les serpens commencèrent à siffler et que l'on chercha à perdre les officiers municipaux, et avec eux la cause qu'ils défendoient.

Les prêtres leur portèrent le premier coup. Le 14 janvier 1791, c'est-à-dire quinze jours après l'installation de la municipalité renouvellée, le directoire du département lui écrivit, à huit heures du soir, que les supérieurs, directeurs et professeurs du grand séminaire de Lyon, où trois cent jeunes gens étoient confiés à leurs soins, abandonneroient leurs fonctions le lendemain, parce qu'on vouloit exiger d'eux le serment décrété par l'assemblée nationale.

Cette désertion pouvoit causer une commotion violente, exposer les pensionnaires à des grands dangers. La municipalité ne délibère pas, elle agit : la nuit est employée à s'assurer de prêtres patriotes et intruits ; le lendemain, à huit heures du matin, ils sont installés, et l'enseignement n'est pas retardé d'un seul instant.

A peine ce premier danger a-t-il disparu, qu'un second menace la ville. Un émissaire du ci-devant archevêque de Lyon, l'abbé *Bois-Boissel*, vient dans cette ville émeuter les prêtres, exciter leur fanatisme : la municipalité découvre cette nouvelle conspiration ; elle pénètre dans les dépôts des écrits incendiaires, entassés par ce perfide envoyé ; elle parvient à savoir que ces écrits sont adressés par le sieur abbé *Castellas*, député à l'assemblée constituante, autre agent du ci-devant archevêque; la correspondance empoisonnée de ce représentant est mise au jour : les traîtres sont dénoncés, le sieur *Bois-Boissel* est arrêté, et pour cette fois Lyon est encore garanti de la subversion dont il étoit menacé.

Cependant d'autres prêtres préparoient à leur tour des scènes sanglantes. L'un d'eux, ci-devant chanoine de l'église de St. Nizier, monte en chère et prêche la rébellion aux décrets de l'assemblée nationale : les bons citoyens poussèrent des cris d'indignation mais les satellytes du prêtre factieux, se croyant plus nombreux, en vinrent aux mains : le sang commençoit à couler dans l'église, et la ville en eût peut-être été arrosée, si la municipalité, à la tête d'un fort détachement de gardes nationales, n'eût dissipé cette conspiration et fait arrêter le prédicateur contre-révolutionnaire et trois autres ecclésiastiques ses complices.

Un danger aussi grand se présente un moment après. Les ennemis de la chose publique ne doutoient pas que la municipalité n'en fût accablée. Les administrateurs de l'hôpital général abandonnent subitement leur poste : quinze cent malades sont exposés à manquer de secours : une fermentation agite les esprits : le fardeau est si lourd que tout le monde craint que personne ne puisse le soutenir. Mais tout rentre dans le calme par le généreux dévouement de la municipalité, qui vole au secours de l'asyle des pauvres, et qui depuis ce moment n'a cessé de faire auprès d'eux un service aussi assidu que pénible.

La fuite du roi n'étoit pas un secret pour tous les François. Les grandes villes, sur-tout, furent agitées en tous sens, pour que cette défection fût l'époque de la contre-révolution méditée à la cour : on osa espérer de faire servir, au succès de ce projet, la garde nationale de Lyon : des distinctions sous le nom de grenadiers et de chasseurs y furent introduites, et avec elles la dissension. La municipalité rappelle les décrets : on ne l'écouta pas : les deux directoires se coalisent et émettent, en commun, un arrêté, portant que les citoyens composant la garde nationale, seroient convoqués pour faire connoître leurs vœux.

C'étoit redoubler le feu de la discorde; c'étoit consacrer l'abus le plus dangereux, en faisant délibérer la force armée. La municipalité vit le piége et rappella les principes aux deux corps : elle se plaignit de leur réunion inconstitutionnelle, et vint heureusement à bout d'empêcher l'exécution de l'arrêté, qui eut pu faire couler le sang des citoyens. La fuite du Roi, suivie de son arrestation, déconcerta tous les projets ; à Lyon, comme dans tout l'empire François, cet évènement réunit les esprits : les citoyens ne formèrent plus qu'un faisceau, prêt à opposer une force invincible aux ennemis de la patrie.

Tels sont les principaux évènemens qui

agitèrent Lyon, jusqu'au mois de juillet 1791. La fermeté que le corps municipal avoit été dans la nécessité d'opposer aux deux directoires, irrita quelques-uns des membres de ces administrations : un autre évènement avoit excité bien plus leur ressentiment contre la municipalité.

M. Imbert, vice-président du directoire du département, jette dans le public un écrit incendiaire, propre à renverser la constitution. Toute la ville en est indignée, et plus encore de voir ce coupable administrateur continuer ses fonctions. La municipalité prend une mesure sévère, mais indispensable : elle fait arrêter le conspirateur, le dénonce à l'accusateur public ; mais le tribunal refuse de connoître du délit, et le président du directoire est allé grossir le nombre des émigrés.

C'est ainsi que le courageux dévouement de la municipalité l'a rendue odieuse au directoire du département de Rhône et Loire : mais l'humeur des membres de cette administration s'est exasperée bien d'avantage dans la circonstance suivante. Un officier, en garnison à Briançon, écrit au sieur *Hallot*, son parent, commandant des troupes de ligne à Lyon, une lettre contre-révolutionnaire. Cette lettre tombe, par le hasard le plus extraordinaire, dans les mains de la municipalité : l'adresse qui portoit le mot *Tollah*, inversion du nom du sieur *Hallot*, fit hésiter un instant ; le contenu de la lettre vint dissiper le doute. Il désignoit clairement le sieur *Hallot* ; aussi n'osa-t-il pas la désavouer : il se contenta de blâmer son parent et d'assurer qu'il pensoit bien autrement.

Cette lettre conduisit à la découverte d'autres personnes suspectes. Trois ci-devant nobles, de la ci-devant province de Bourgogne, s'étoient réfugiés à Lyon ; leurs relations avec le parent contre-révolutionnaire du sieur *Hallot*, déterminèrent la municipalité à les mettre en arrestation ; et il n'est point inutile d'observer que pendant qu'ils furent détenus ; ils n'eurent pas de plus ardent défenseur que le sieur *Olivier*, secrétaire du département.

Dans le même-tems, un sieur *Syffredy*, officier dans un régiment de troupes de ligne, neveu de la ci-devant abbesse de Salles, fut également arrêté par les soins de la municipalité. Il étoit porteur de lettres de sa tante pour le sieur *Olivier* : cet agent du directoire étoit l'objet des confidences de l'orgueilleuse abbesse : elle attend , dit-elle , le retour de l'ancien régime, de son éclat et de sa fortune, pour témoigner sa reconnoissance à son cher *Olivier* : elle lui recommande son neveu ; elle laisse percer les dispositions de ce militaire pour l'émigration. Que de motifs pour causer des soupçons et exciter la municipalité ! Elle fait arrêter le sieur *Olivier* ; mais ses réponses et celles des autres détenus n'ayant pas produit de nouvelles charges ; leurs protestations, au contraire, de respect et de dévouement à la constitution, paroissant dictées par la franchise, ils furent tous mis en liberté ; et tous, à l'exception du sieur *Olivier*, qui est encore dans les bureaux du département, grossissent l'armée des traîtres à la France.

Mais en même-tems que la fermeté et la surveillance de la municipalité échauffoient le patriotisme à Lyon, et faisoient échouer le projet des conspirateurs, elle recueilloit l'indignation du directoire du département, et elle en a ressenti les cruels effets dans toutes les occasions.

La série des vexations dont elle se plaint, exigeant quelque développement, elle demande à l'assemblée nationale un moment d'attention.

Fixation du prix du pain.

Au mois de juin l'année dernière, la cherté et la mauvaise qualité du pain excitoient parmi les ouvriers de Lyon une fermentation vive. La municipalité senti qu'il étoit de son devoir d'en prévenir les effets : pour appaiser l'inquiétude du peuple, elle arrêta qu'il seroit nommé deux commissaires par chaque section, qui de concert avec les boulangers, procéderoient publiquement à la manipulation du pain; le résultat de cette expérience devoit être; 1°. de convaincre les esprits, de la nécessité de proportionner le prix du pain avec celui du bled; 2°. de trouver un mode de fabrication et de composition meilleur et plus salubre que celui qu'on avoit employé jusques alors. Les essais de la municipalité furent heureux.

Le conseil général de la commune arrêta qu'on ne pourroit désormais faire entrer dans la composition du pain que la *farine fine et le gruau*, on ordonna en même-tems que les meûniers et fariniers *seroient tenus de changer les toiles de leurs moulins et blutteaux, pour y substituer l'espèce de torbe propre à ne laisser pas-*

ser que les parties de mouture qui doivent former ce pain.

Cette délibération reçut l'approbation du directoire du district, mais celui du département la rendit vaine en la suspendant. Il ordonna de nouveaux essais de panification auxquels on n'a jamais procédé. Au mois de février dernier, il accorda de nouveaux délais aux boulangers, qui depuis ont continué de faire du mauvais pain, et de le vendre à un prix très-élevé.

Les contre-révolutionnaires n'ont pas manqué de profiter d'une circonstance aussi fâcheuse, pour essayer de soulever le peuple ; et celui-ci a renouvellé ses plaintes ; mais qu'importe les plaintes du peuple, lorsqu'il s'agit de contrarier la municipalité ? à cette inculpation, le directoire répond qu'il a crû dévoir concilier les intérêts des boulangers et des consommateurs, *ordonner un essai public et juridique, en prenant les précautions indiquées en 1784 par l'académie des sciences.*

Cet asservissement affectueux du directoire aux décisions de l'académie, n'est qu'un prétexte ridicule pour couvrir sa malveillance et son mécontentement d'une expérience véritablement populaire, dont les citoyens avoient paru très contens, et qui après tout, valoit bien les procédés académiques.

Attache des artifices sur le Rhône.

Dans un tems de sécheresse, au mois de Septembre dernier, les meuniers avoient déplacés leurs moulins et les avoient avancés, de manière qu'ils obstruoient la navigation du Rhône, sans augmenter les moutures, le bureau municipal en ordonna le déplacement, mais le directoire toujours fidèle à son système d'opposition, cassa la délibération. Cependant la municipalité avoit tellement raison, que les meuniers se conformèrent à sa délibération, malgré l'arrêté du directoire.

Corps-de-garde du Pont de la Guillotiere.

Ce nest pas assez pour le directoire, de contrarier le placement avantageux des moulins du Rhône, il veut encore géner la construction des édifices d'utilité publique. Le corps-de-garde du pont de la Guillotière, coûtoit à la ville 600 liv. de loyer, on propose à la municipalité, le plan d'un petit bâtiment, dont la construction ne devoit coûter que 3000 liv.; ce plan est adopté par le conseil général de la commune, et comme le logement de l'ancien corps-de-garde devoit être évacué à Noël, et qu'on se trouvoit à la fin de Septembre, on s'empressa de hâter la nouvelle construction. Le directoire eut la perfidie d'attendre qu'elle fût presque achevée, pour en commander la démolition. Il ordonna le remplacement du corps-de-garde dans l'un des anciens bureaux des octrois, d'où les locataires, à cet effet, devoient être expulsés. Cette opération auroit occasionné à la commune, une indemnité aux locataires, et la surcharge d'un loyer de 830 liv., tandis qu'elle gagne les frais du nouveau corps-de-garde, au bout de quatre années de jouissance.

Cependant cet abus d'autorité de la part du directoire, excita les plus vives réclamations; les pétitions arrivèrent de tout côté, et la voix publique l'emporta enfin sur l'obstination des administrateurs. Le conseil général du département, permit aux officiers municipaux de faire continuer le corps-de-garde commencé,

et

et il fut achevé au grand contentement des citoyens.

L'emplacement du corps-de-garde dont il s'agit, est sur l'extrémité du trotoir du quai qui est consacré à la promenade, et qui appartient à la commune. *Ce bâtiment étoit inutile, ajoute le directoire, il blesse les règles du goût, il gêne le point de vue du quai du Rhône*; comme si les prétendues convenances du goût, ou les sensations de l'œil devoient être de quelque poid, lorsqu'il s'agit de l'intérêt public, comme si elles pouvoient jamais être, pour des administrations supérieures, un motif suffisant de détruire les délibérations des municipalités. D'ailleurs ce prétendu défaut de goût, n'existe pas, et il est faux que le corps-de-garde intercepte le point de vue du quai.

Maison dite de la propagation.

Sous l'ancien régime on avoit établi à Lyon une maison dite de la propagation de la foi. Cependant depuis près de 20 ans, cet établissement étoit sans exercice, et depuis la révolution, le fanatisme avoit mis le trouble dans l'intérieur de la maison. Les femmes qui la composent, se réunissent pour persécuter la dame Tremollet leur compagne, et la seule qui fût dans les principes constitutionnels. Ellesre fusent de reconnoître l'évêque et ses vicaires, au mépris des statuts qui les soumettent à sa jurisdiction. Dans ces circonstances, la municipalité consultée par le district et le département, délibère que l'institut de cette communauté se trouvant sans objet, par la désuétude des conversions, il seroit très-utile d'en faire une retraite, pour les religieuses patriotes, que la différence d'opinions livre sans défense à toute la fureur, à toute la rage du fanatisme.

Le département animé par la plus aveugle tolérance pour les contre révolutionnaires, et par la haine contre la municipalité, s'autorise de la loi du 12 Octobre 1791, pour rejetter son avis. Cette loi porte *que les maisons d'instruction et d'éducation continueront provisoirement d'exister sous leur régime actuel.* Mais n'est-ce pas une dérision, de regarder comme une maison d'instruction, celle de la propagation de la foi, ou depuis vingt ans il n'y a pas un seul néophite, une seule convertie? n'est-ce pas verser à pleines mains la défaveur et le mépris sur la municipalité, que de déclarer vexatoires les démarches qu'elle a faite pour rétablir l'ordre parmi les sœurs de la Propagande, et les soumettre même à leurs anciens statuts.

Maison de la Providence.

Le directoire a tenu une conduite encore plus blâmable dans l'affaire de la maison de la Providence ; c'est un asyle établi en 1671 : en faveur des jeunes filles d'artisans exposées à se perdre, par l'inconduite et le mauvais exemple de leurs parens. Elles sont dirigées par neuf femmes appellées sœurs de la Trinité, qui sont elles-mêmes sous l inspection d'un bureau composé de citoyens, et soumises à la jurisdiction de l'évêque de Lyon.

De ces neuf sœurs, trois sont patriotes et attachées à la constitution : des prêtres dissidents ont soufflé sur les autres l'esprit de discorde et de fanatisme ; elles ne veulent reconnoître ni l'évêque, ni ses vicaires, ni les ecclésiastiques assermentés. Cette divison des sœurs a passé aux jeunes élèves, et tout ce qui, dans cette maison, ose montrer le moindre attachement pour les nouvelles loix, est exposé aux plus horribles traitemens.

Des plaintes sont adressées à la municipalité qui, en du décret vertu du 5 novembre 1790, se croit autorisée à se charger de l'administration de la communauté. La protection, qu'elle devoit aux jeunes victimes de la barbarie des sœurs et des administrateurs de la maison ne lui permet pas d'hésiter. Elle envoie des commissaires et fait nommer par le conseil général de la commune, six autres administrateurs pour veiller de concert avec elle à la régie de la maison dite de la Providence.

C'est alors que le directoire déploie toute son énergie en faveur du bureau anti-révolutionnaire, il le réintègre dans ses fonctions avec la clause absurde de *laisser la liberté du culte aux enfans et aux religieuses*. Ainsi, ces malheureuses filles que des megères impitoyables traînoient par les cheveux et rouoient de coups, sont laissées à la merci de leurs bourreaux. Ainsi, des cœurs purs et innocens qu'on devoit priver de la contagion du fanatisme, sont journellement nourris du fiel et du venin des passions les plus odieuses et les moins faites pour leur âge.

Et vous osez voiler votre hypocrite décision du faux prétexte de la tolérance religieuse? Pouvez-vous donc ignorer que le choix du culte dans un enfant n'est jamais libre ; que la jeunesse obéit aux impressions des séducteurs et aux ordres des tyrans, et que l'activité du prosélytisme, ardent à s'emparer de ses premières pensées, ne lui laisse, ni le tems, ni la liberté de prendre un parti? Ah! loin de contrarier les vues paternelles de la municipalité, n'auriez-vous pas dû plutôt seconder ses efforts pour extirper le scandale du fanatisme du milieu de cet asyle de l'innocence, pour y substituer le culte de la vertu, de la constitution et des loix.

Protection accordée aux Oratoriens desservants le collége, et qui expolioient cette maison.

Les religieuses fanatiques, ne sont pas les seules qui ayent éprouvé la tolérance protectrice du directoire ; les moines et d'autres spoliateurs des propriétés nationales ont eu part à sa bienveillance. Les oratoriens desservants le collège, dit, de la Trinité, dépositaires du mobilier de cette maison et en même tems nommés gardiateurs de la bibliothèque publique qui se trouve renfermée, vendoient des meubles et des livres.

La municipalité instruite de la dilapidation se hâte de l'arrêter, en mettant le scellé sur les portes du cabinet de médaille et leur ôte la garde des livres et des meubles, en demandant qu'elle soit remise aux administrateurs du bureau. Non seulement le directoire improuve cette demande, mais il fait lever le scellé apposé par la municipalité, blâme son opération et fait l'éloge des oratoriens, déprédateurs.

Comment ose t-il dire que ceux-ci n'ont rien enlevé, tandis que leurs spoliations sont de notoriété publique? quelle pitoyable défaite que le récolement des meubles, compris dans un inventaire fait il y a plus de 20 ans, récollement tellement impossible dans les détails, que s'il avoit eu lieu seulement pour la bibliothèque, il auroit duré au moins six mois, tandis qu'il a été fait en huit jours?

Suppression des marques de féodalité.

La municipalité pour marquer son respect pour la loi qui supprime les armoiries, invite les marguilliers de l'église de St. Just à faire enlever les emblêmes féodaux qui se trouvent sur le portail : les marguilliers obéissent, et les signes de l'avillissement du peuple disparoissent. Les armes de Ville-Roi entourées de cordons et de cartouches, étoient élevées sur le fronton du bâtiment de la comédie à côté de l'écu de France, elles ont été détruites. Malheureusement l'ouvrier exécuteur des ordres de la Municipalité, très - ignorant sur le blazon n'a pas su distinguer ce qui devoit être effacé ; il a enveloppé dans la même proscription l'écusson des Ville-Roi et celui de France, avec les cordons dont il étoit entouré (1).

La municipalité est véritablement affligée de cette méprise, il n'y a jamais eu aucune mauvaise intention de sa part. C'est une perfidie (2) attroce de la part du directoire, d'avoir

(1) Le sieur Duvant, défenseur officieux du directoire, dit que le fait des cordons est faux. Nous lui répondons que c'est son assertion qui est fausse.

(2) Le sieur Nivière Chol, officier municipal, atteste que huit jours avant que le directoire du département eût fait afficher son arrêté il avoit, dans une conversation particulière, expliqué à M. Mayeuvre, procureur-général syndic, que si l'écusson de France avoit été abattu, c'étoit par méprise et ignorance de la part de l'ouvrier. Le sieur Nivière engagea

relevé malicieusement cette opération, en disant qu'elle avoit été consommée le jour de l'installation du Maire. Le Maire comme tout bon citoyen respecte les emblêmes de la monarchie française, il tient encore plus à la chose qu'au signe, et s'il avoit mis de la mauvaise foi à le faire effacer, il l'auroit fait disparoître de dessus les murs de la maison commune, sans s'en prendre à un bâtiment particulier, tel que la sale du spectacle, qui peut être vendue d'un jour à l'autre. Quoi qu'il en soit, le directoire n'a pas droit d'injurier les officiers municipaux dans son arrêté et de leur ordonner si inconstitutionnellement de restaurer les licornes armoriales des ci-devant chanoines, barons de St. Just.

Le directoire du département cherche à dissoudre la municipalité, en attaquant individuellement ses membres.

Ce n'étoit pas assez pour le directoire de cen-

M. Mayeuvre, à faire cette observation aux membres du directoire; sans doute elle leur a été faite, mais le parti étoit pris.

sûrer les errêtés de la municipalité il en vouloit sur-tout aux personnes, et il n'a oublié aucune occasion de satisfaire sa vengeance et ses passions.

Deux officiers municipaux, les sieurs Chalier et Champagneux, sans être plus zélés que leurs collègues, se trouvèrent dans des circonstances, où il fallut donner des preuves particulières de civisme et de vigilance sur la chose publique ; c'étoit au mois de Décembre 1791 : de faux bruits de la fuite du roi, répandus à dessein dans les départemens vinrent réchauffer les espérances des ennemis de la liberté. Lyon, voisin de la Savoie, infecté de prêtres réfractaires, travaillé par une foule d'aristocrates, rassemblés de tous les points du royaume, présentoit de grandes facilités aux contre-révolutionnaires. C'étoit le cas de redoubler de surveillance pour étouffer les complots.

Dans ces conjectures, un officier de la garde nationale dénonce à la municipalité une fabrication de poignards d'une forme effrayante, faite chez un coutellier appellé Baillard et dont il a vu le modèle chez un sieur Boutin.

La municipalité crut devoir donner une

attention particulière à cette dénonciation. Le coutellier s'étant rendu à la maison commune, déclare que le poignard trouvé chez le sieur Boutin lui a été commandé par le sieur Meynis, qui lui a annoncé en même tems qu'il en feroit d'autres pour ses amis.

La déclaration du coutellier rendoit celle du sieur Meynis nécessaire ; le sieur Chalier va le prévenir lui-même de se rendre à la maison commune, et ils y arrivent ensemble sans escorte.

Le sieur Meynis interrogé par les sieurs Chalier et Champagneux, s'excuse comme il peut ; mais ses réponses ayant paru contradictoires avec celles du coutellier, le sieur Meynis étant convenu dans ses réponses, qu'il étoit en correspondance avec une femme qui se disoit accueillie par la cour de Turin ; la municipalité décida qu'il seroit renvoyé par devant le juge de paix à la police correctionnelle. L'ordre fut exécuté avec toute la douceur possible. On donna une voiture au sieur Meynis, il y monta avec son fils et deux gardes nationaux sans armes, il parut même si content des procédés de ceux-ci, qu'il les pria de l'accompagner jusques à son domicile où il les combla de toutes sortes de politesses (1). Le juge de paix avoit jugé à propos de le renvoyer en liberté sans caution ; le sieur Meynis étoit alors bien éloigné de se plaindre, mais des instigateurs perfides chargés, sans doute,

(1) On a lu avec indignation dans un imprimé, qui porte le nom du sieur Duvant, député à l'assemblée nationale, l'assertion que le sieur Meynis *avoit exposé dans sa requête qu'il avoit été conduit par huit hommes armés de fusils et de bayonnettes.* Ce fait est entièrement faux. La requête du sieur Meynis est parvenue à la municipalité par copie certifiée par le secrétaire du district, et on ne fit pas un mot ni des *huit hommes*, ni des *fusils*, ni des *bayonnettes.* Voici les propres termes de cette requête ; « on lui annon» ça (au sieur Meynis) qu'il alloit être conduit » par des fusilliers au tribunal de la police correc» tionnelle : il obtint, avec beaucoup de peine, la » permission de prendre une voiture ».

La version donnée par le député Duvant, fait soupçonner qu'il a enfanté, sur une copie infidèle ; la requête du sieur Meynis auroit-elle eu le sort de celle des frère et sœur Lacroix ? la copie, également certifiée, qui est parvenue à la municipalité. Cette dernière requête, ne ressemble pas du tout à celle sur laquelle le directoire a statué. D'où procèdent ces changemens ? Le sieur Olivier, dans le bureau duquel, elles ont séjourné, en donnera sans doute l'explication.

de trouver des victimes au département, se firent les instrumens de sa haine pour la municipalité en fabriquant une requête au sieur Meynis, dans laquelle, après avoir entassé mille faussetés absurdes, on finit par conclure à la demande en prise à partie contre les sieurs Chalier et Champagneux.

Cette requête présentée au département fut communiquée à la municipalité qui répondit que la demande du sieur Meynis, étoit extravagante, que les faits dont il se plaignoit, étoient de toute fausseté, et qu'au surplus sa plainte ne devoit pas être seulement dirigée contre les sieurs Champagneux et Chalier, mais contre la municipalité entière ; cette délibération étoit accompagnée de celle par laquelle, sur la dénonciation des poignards, le sieur Meynis avoit été renvoyé devant le juge de paix, séant au tribunal de la police correctionnelle.

Si le directoire eût été moins animé contre la municipalité, il auroit senti qu'elle étoit à l'abri de toute inculpation dans cette affaire.

Au lieu de lui rendre justice, il a lancé contre elle un de ces arrêtés foudroyans, qui au fond et dans la forme ne tendent qu'à avilir les pouvoirs constitués.

Il a adopté, dans le considérant, toutes les calomnies, entassées dans la requête du sieur Meynis, il les a sanctionnées en se permettant de fauusses applications de la loi : il dit formellement que *la municipalité n'avoit pas le droit d'interroger le sieur Meynis, qu'elle devoit l'envoyer au juge de paix du canton et non à la police correctionnelle* ; *que la conduite des sieurs Chalier et Champagneux n'est qu'un abus de pouvoir municipal. Enfin qu'aucune loi ne défend de faire fabriquer des poignards.*

A la suite de ce considérant, il autorise la prise à partie contre les sieurs Chalier et Champagneux.

Est-il une violation plus manifeste de toute espèce de principes et de toute justice? quel est donc le crime de ces deux officiers municipaux, pour autoriser contre eux une mesure aussi rigoureuse que celle de la prise à partie? Celui d'avoir osé demander compte au sieur Meynis de la fabrication commandée de plusieurs poignards, mais que deviendroit donc la sûreté des grandes villes, si la police m nicipale n'avoit le droit d'interrogar un citoyen accusé ? D'ailleurs qu'on fasse attention que dans la circonstance on a plutôt demandé une explication fraternelle au sieur Meynis qu'on ne lui a fait subir un interrogatoire juridique. Le sieur Chalier est allé lui-même le chercher chez lui, on n'a employé à son égard, ni huissier, ni soldat, ni bayonnette et il est de toute fausseté qu'il ait été renvoyé à la police correctionnelle, il a été purement et simplement remis au comité central des juges de paix; la municipalité a reconnu elle-même son incompétence, elle n'a donc pas mérité d'être inculpée.

Il est singulièrement étonnant que le directoire veuille prétendre qu'aucune loi ne défend de faire fabriquer de poignards. D'abord toutes les ordonnances de police, renouvellées ; même depuis la révolution, interdisent l'usage et le port des armes cachées. Une foule d'anciens édits, des réglemens qui n'ont point été abrogés par les loix nouvelles et nottamment celui du mois de Décembre 1666 : défend la fabrique de poignards, dagues et stilets, à peine de cent livres d'amende ; une déclaration de 1771, réitere les mêmes défenses confirmées ensuite par une foule de réglemens de police faits à différentes époques pour les villes de Paris et de Lyon. Comment veut-on d'après cela que la municipalité ait pu être indifférente à une fabrication de poignards, illégale dans un tems de paix, et qui devenoit criminelle dans des moments d'orage et de complots.

Où se trouve donc actuellemens l'abus du pouvoir municipal qui a tant indigné le directoire ? d'après la loi citée, s'il y a un abus de pouvoir dans cette affaire, il est plus clair que le jour, que c'est l'administration supérieure qui s'est rendue coupable. La municipalité au contraire dans ses arrêtés et dans ses opérations a montré la plus grande sagesse et la plus louable modération.

Mais quand on supposeroit que dans la circonstance de la dénonciation des poignards, les officiers municipaux dévoient se borner au renvoi devant le juge de paix, sans interroger l'accusé, il n'y auroit pas encore lieu à autoriser contre eux la prise à partie.

Ce moyen extrême ne doit être employé que contre des administrateurs coupables des délits graves et de prévarications marquées. Ici il ne s'agit que d'une mesure de précaution qu'il est impossible de trouver abusive sous aucun rapport. Le directoire a été tellement accablé par la vérité de ces observations, puisées dans un mémoire publié à Lyon au mois de Février, qu'il n'a jamais pu y répondre, ni même donner un prétexte aux faussetés qu'on lui a reprochées.

Le sieur Chalier, officier municipal, est suspendu indéfiniment de ses fonctions, pour avoir fait des recherches dans la boutique d'un particulier, dénoncé pour fabricateur de faux papiers-monnoie.

L'affaire de fréres et sœurs Lacroix, offre une preuve plus frappante encore, de l'acharnement du directoire à pouruivre et à dissoudre la municipalité.

L'émission du papier monnoye a donné lieu à la poursuite d'un nouveau genre de délits. Des contre-facteurs hardis ont essayé de détruire la confiance publique, en faisant circuler de faux billets nationaux et municipaux.

C'étoit sans doute aux corps administratifs à les surveiller, et la municipalité de Lyon s'est s'est acquittée de ce devoir avec succès ?

Au mois de Décembre dernier, le commerce se plaignoit de la circulation de faux billets patriotiques ou mandats de vingt sols ; sur une dénonciation particulière, la municipalité fit une visite domiciliaire, elle amena la découverte de plusieurs individus qui en favorisoient l'émission ; ils furent renvoyés à la police correctionnelle et les administrations supérieures se gardèrent bien de censurer la municipalité.

A la même époque, les frère et sœur Lacroix furent accusés de fabrication de faux mandats. La dame Pichon leur voisine avertie que ces deux individus étoient accoutumés à déloger sans payer leur terme, s'occupoit un jour de les surveiller à travers un trou de quatre lignes et demi de diamètre, pratiqué dans le mur de brique qui séparoit les deux boutiques. Elle vit le sieur Lacroix assis à une table écrivant posement et avec beaucoup d'attention sur un carton de la forme des mandats de vingt sols, elle le vit faisant secher ce carton sur une terrasse qu'il avoit à côté de lui. Elle a ajouté dans sa déposition que le sieur Lacroix plia le mandat en deux, qu'il le froissa aux quatre coins, prit un linge et le frotta un instant, qu'il avoit devant lui un carton sur lequel il appliqua un morceau de bois de forme conique, de la hauteur d'un demi pied et de la largeur d'un mandat ; qu'après cette opération, il écrivit sur les côtés, et fit au dos une signature.

La dame Pichon fit part de sa découverte à cinq de ses voisins qui firent l'allarme dans le quartier. Une escouade de gardes nationaux accourut. Ils entrèrent chez les frere et sœur Lacroix, commencèrent une perquisition et se retirèrent. Alors la dame Pichon et ses témoins coururent chez le juge de paix en réclamant son intervention ; il étoit dix heures du soir, le juge de paix, étoit couché, il répondit qu'il falloit aller trouver la municipalité, que l'affaire n'étoit pas de sa compétance. Adressez-vous à M. Chalier, ajouta t-il, c'est un zélé qui ne manquera pas d'agir de tout son pouvoir.

La dame Pichon et ses voisins s'empressèrent d'avertir M. Chalier, qui de prime abord les renvoya au juge de paix. Sur l'observation qu'ils sortoient de chez lui, et qu'il leur avoit indiqué lui-même la municipalité, M. Chalier, dont le ministère se trouvoit requi *pour fla-*

grants délits et par des domiciliés, n'écoute que l'impulsion du devoir, il se rend chez les frère et sœur Lacroix, et se fait accompagner par trois ciroyens de la garde nationale. Il inspecte la boutique avec tous les égards qui sont dûs à un citoyen qui n'est que suspect et n'ayant trouvé ni mandats faux, ni instrumens propres à les fabriquer, il ne manqua pas de consigner ces faits dans son procès-verbal. Ce n'est pas tout, afin de consoler autant qu'il étoit en lui les frère et sœur Lacroix du désagrément de cette visite nocturne, il eut soin de remplir son procès-verbal de choses avantageuses pour eux. Les accusés furent extrêmement satisfaits des procédés de M. Chalier, et il est très-certain qu'alors ils ne songeoient pas à s'en faire contre lui un moyen de diffamation, mais les mêmes hommes qui pour plaire au directoire s'étoient faits les valets du sieur Meynis, ne rougirent pas d'être les instigateurs des frère et sœur Lacroix.

Un ci-devant procureur leur fit signer une requête, véritable libelle diffamatoire qui n'est autre chose qu'un tissu d'injures, de persifflage et de calomnie,

Le directoire au lieu de livrer aux tribunaux

les auteurs de cette insolente diatribe, l'accueillirent avec faveur, ils la renvoyèrent au district qui la fit passer à la municipalité. Tout cela n'eut lieu que pour la forme ; car le parti étoit pris de condamner le sieur Chalier, et malgré les observations justificatives de ses collègues, il fut odieusement immolé sans qu'on daignât vérifier les faits ni entendre les témoins.

Le préambule de l'arrêté du directoire du département est un monument de la partialité la plus condamnable, on le croiroit dicté par le procureur des frère et sœur Lacroix.

Le directoire considère d'abord ; *que la démarche du sieur Chalier, blesse les règles de l'ordre social . . . . . que sa conduite est une violation manifeste des droits sacrés du citoyen, un procédé arbitraire et oppressif . . . . en un mot une scandaleuse infraction des règles établies par la constitution . . . . . que le sieur Chalier a foulé aux pieds les droits de l'homme, qu'il s'est rendu coupable de délits graves . . . . qu'il s'est permis à l'égard des Lacroix des procédés durs, violents, contraires aux règles de l'honnêteté et de la bienséance.*

Pour couronner dignement ce galymathias,

le directoire *statue*, *arrête* et *délibère*: 1°. que les frère et sœur Lacroix sont et demeurent autorisés à prendre à partie le sieur Chalier, à le traduire devant les juges, pour obtenir la réparation des procédés outrageants, injurieux et vexatoires qu'ils lui imputent : 2°. qu'attendu les vexations et les prévarications dont le sieur Chalier se trouve inculpé et qu'il y auroit du danger à laisser dans ses mains des fonctions dont il a abusé, arrêté sur les conclusions du procureur-général-syndic, que le sieur Chalier demeure suspendu de ses fonctions jusques après le jugement des tribunaux.

C'est une manière assez neuve de juger, que celle du directoire du département du Rhône et Loire. Il ne condamne point le sieur Chalier comme convaincu, mais simplement parce qu'il est accusé, *inculpé*; c'est pour les outrages et les vexations que les frère et sœur Lacroix lui imputent. Pourquoi le directoire a-t-il refusé d'entendre les témoins? Pourquoi dans la nécessité de prononcer entre la pièce d'écriture d'un praticien de mauvaise foi, et le procès-verbal d'un magistrat, a-t-il fait pencher la balance en faveur du premier? Ignore-t-il que les formes administratives ne dispensent pas de celles de la justice ?

Comment sur le simple témoignage de la partie intéressée, ose-t-il condamner un officier municipal ? De quel droit se permet-il de le diffamer dans un *considérant* mille fois plus injurieux que la requête qui l'a provoqué ? Où donc est le crime du sieur Chalier, dans cette affaire ? Est-ce pour avoir fait perquisition dans la boutique des deux individus accusés de fabrication de faux assignats, par cinq témoins domiciliés ? Est-ce pour y être entré à la clameur publique et à la suite d'une incursion de la garde nationale, qu'il est livré aux tribunaux ? Mais la loi et la constitution autorisent les officiers municipaux à entrer dans les boutiques et lieux publics, et sur-tout lorsqu'il y a rumeur et flagrant-délit ; mais le sieur Chalier, dans la circonstance où il s'est trouvé à l'égard des frère et sœur Lacroix, a rempli son ministère avec toute la douceur, toute l'impartialité possible ; cela est prouvé par son procès-verbal et par la déposition des témoins ; il ne méritoit donc pas toutes les qualifications injurieuses dont le directoire l'a chargé, il méritoit encore moins la prise à partie et la suspension.

Sequestre mis par le directoire du département, sur les biens de la commune.

Peu content de toutes ces vexations, le directoire y a mis le comble, en dépouillant la municipalité de l'administration des biens de la commune. Il a frappé du sequestre tous ses revenus fonciers et mobiliers par un arrêté du 7 avril dernier rendu sur la proposition du directoire du district. Cet arrêté articule plusieurs griefs contre la municipalité.

On ne les présentera pas ici, parce que le pouvoir exécutif, à qui la municipalité les a déférés, en a connu la frivolité, et justement alarmée des dangers où la mesure extraordinaire et juste du directoire, exposoit la ville de Lyon, a cassé son arrêté par une proclamation du 9 de ce mois.

Les directoires cherchent à diviser les citoyens, en divisant la garde nationale.

C'est en sémant le trouble et la division parmi leurs concitoyens, que les directoires cherchent à établir leur domination. Ils viennent de fomenter la plus dangereuse discorde parmi la garde nationale de Lyon, en autorisant très-inconstitutionnellement un prétendu état-major général, à délibérer et à faire des arrêtés. Le commandant général, de concert avec la municipalité, avoit arrêté un ordre journalier pour le service intérieur par lequel les postes devoient être tirés au sort entre les différentes compagnies et sans aucune distinction. Les chefs de légion, sous le nom d'état-major général, en délibérèrent un autre. Selon eux, les grenadiers devoient occuper des postes d'honneur. Celui-ci fut communiqué aux corps administratifs qui y donnèrent leur approbation, et cassèrent celui que le commandant général avoit publié de concert avec la municipalité. Le premier arrêté qui supposoit, contre le vœu de la loi du 14 octobre 1791, l'existence d'un état-major général à Lyon, où il ne devoit y avoir que des états-majors particuliers dans chaque légion, qui autorisoit si inconstitutionnellement les délibérations de la force armée, a été également cassé par une proclamation du roi. Mais les officiers municipaux espèrent que l'assemblée nationale fera à justice de ceux que le pouvoir exécutif à épargnés.

Les directoires ne perdent aucune occasion de persécuter les officiers municipaux, ils les harcèlent de toutes les manières, ils voudroient leur disputer et peut-être leur enlever, si cela étoit possible, la possession de la maison commune. Le directoire du district n'est pas content d'y occuper une aîle entière du bâtiment qui comprend 32 pièces, il demande avec obstination deux appartemens de plus (1). Le directoire du département, selon sa coutume, n'a pas manqué de blâmer les justes refus de la municipalité, et de lui enjoindre de céder les pièces demandées. Ce n'est pas

(1) Ces deux appartemens sont occupés par les bureaux des patentes, lesquels sont contigus à ceux des contributions foncière et mobiliaire, de manière à ne pouvoir en être séparés : s'ils étoient ôtés à la municipalité, le public auroit lieu de s'en plaindre.

tout, le ministre de l'intérieur, ayant écrit au directoire du département, pour l'engager à retirer cet arrêté, contraire à la loi du 12 septembre 1791, il a été payé de sa condescendance, par une dénonciation à l'assemblée nationale, dans laquelle, entre autres absurdités, on dit *que la constitution est ébranlée*, parce que les directoires n'ont pas pu réaliser leurs prétentions exagérées, parce que le district n'a pas ajouté deux pièces de plus aux appartemens qu'il occupe à la maison commune.

En vérité, on rougiroit de rapporter de pareils débats, si les suites qu'ils ont eus n'avoient pas influencé les affaires publiques. Tandis que la municipalité supportoit le poid du jour dans l'exercice si pénible et si louable de ses fonctions gratuites, les directoires salariés laissoient flotter les rênes de l'administration, ou ils ne s'en occupoient que pour contrarier les vues et les actes de la Municipalité.

Maison de correction dite de la quarantaine.

La loi sur la justice criminelle et la police de sûreté, confie le régime des prisons aux corps administratifs concurremment avec les municipalités. Celle de Lyon, pour remplir son devoir, a visité à différentes fois les maisons de détention, elle les a trouvées dans le plus grand désordre. elle y a été même insultée par les agens du département.

Le 30 janvier 1792, deux officiers municipaux, commissaires pour l'inspection des prisons se transportèrent, décorés de l'écharpe, à la maison de la quarantaine (1), le concierge répondit qu'il avoit ordre de la part de l'abbé Vitry, régissseur de cette maison, de n'ouvrir qu'aux membres du directoire du département.

Le lendemain, s'étant présentés de nouveau, ils trouvèrent le sieur Vitry qui leur répéta qu'il ne connoissoit d'autre supérieur que les commissaires du département, et qu'il ne leur accorderoit l'entrée de la maison, qu'à condition qu'ils quitteroient leurs écharpes.

Le 11 avril, le sieur Perret, officier municipal, se fit accompagner à cette prison par six juges de paix et le substitut de la commune, il requit, au nom de la loi, l'ouverture

(1) La quarantaine étoit, sous l'ancien régime, un dépôt de mendicité, elle sert de maison de détention pour la police correctionnelle.

intérieure des prisons, ce qui eut lieu après quelques résistances.

Quand ils eurent interrogé les prisonniers, ils ne furent plus étonnés du refus qu'on avoit fait de leur ouvrir. Il résulte des interrogatoires, que le désordre régnoit dans ces tristes demeures, que les détenus étoient mal habillés, abreuvés d'eau croupie, et qu'on se permettoit des retranchemens sur la nourriture très-mal saine qu'on leur distribuoit. Plusieurs prisonniers étoient détenus, quoiqu'ils eussent fini leur tems, ils furent mis sur-le-champ en liberté; d'autres pour avoir chanté l'air, *çà ira, çà ira*, avoient été plongés dans un cachot et chargés de fers par ordre de l'abbé Vitry, créature et agent du département. Les officiers municipaux les firent sortir de leur tombeau, se réservant de dénoncer aux tribunaux, l'infâme régisseur de cette maison, qui se disoit autorisé, par le directoire, pour les ordres arbitraires qu'il avoit donné. Voilà les hommes que le département emploie, qu'il protége de tout son pouvoir, et dont il se sert pour injurier la municipalité.

Le département laisse évader le sieur Debard, embaucheur pour les émigrés.

L'affaire du sieur Debard est une autre preuve de la conduite perfide du directoire : ce Debard étoit à Lyon, l'embaucheur en chef des émigrés : dénoncé par la municipalité de Rouane, il auroit été infailliblement arrêté sans la négligence (pour ne rien dire de plus) des administrateurs du département. Le 8 Février à huit heures du matin, ils sont avertis du crime de Debard. Au lieu de se concerter avec la municipalité pour l'arrestation, ils s'en chargent eux-mêmes, ils se munissent d'un mandat d'amener auprès d'un juge de paix, ils le confient au chef de la gendarmerie nationale, qui leur fait dire à 7 heures et demie du soir, qu'il a été impossible de découvrir l'enrôleur. Cependant il a été vu toute la journée dans les promenades publiques ; mais une lettre officieuse partie des bureaux du département l'avertit de s'évader et il disparoît. Cette lettre fut portée par le sieur Debard lui-même au Maire qui, à la vérité avoit des indices sur son crime, mais qui n'ayant pas de preuves suffisantes acquises, ne crut pas devoir faire arrêter un homme qui venoit à lui comme au magistrat protecteur de l'innocence. M. le Maire ne connoissoit pas d'ailleurs le mandat d'arrêt obtenu par le département, on lui eût assuré qu'il existoit qu'il auroit eu de la peine à le croire. En effet, comment concevoir qu'un homme, taille de six pieds, connu à Lyon depuis 25 ans n'y sera pas arrêté légalement, lorsqu'il y a un mandat d'arrêt lâché contre lui depuis huit heures du matin, et qu'à trois heures après-midi, il a la hardiesse de parcourir les rues, les places et promenades publiques et de se présenter à la Mairie. Messieurs du directoire du département, expliquez nous donc comment ce Debard a échappé ? Est-ce la faute de vos secrétaires complaisants ? est-ce celle des chefs de la gendarmerie nationale, dont vous avez cependant fait un si bon choix ? expliquez-nous aussi comment par un art vraiment magique vous avez voulu faire croire que par vos soins Debard, le vrai Debard étoit arrêté à Senlis, tandis qu'on ne retenoit que son ombre, et qu'il cheminoit vers Coblentz avec ses recrues.

Ce complot n'est pas le seul que le directoire

du département ait favorisé au moins de sa très-coupable indifférence : tous les prêtres refractaires et leurs adhérents, tous les fanatiques, tous les partisans de l'ancien régime ont trouvé auprès de lui protection. Ils ont été les objets de ses complaisances et de ses paternelles sollicitudes, tandis qu'on rebutoit les membres des sociétés patriotiques, qu'on employoit toute l'astuce pour les dissoudre, et qu'au nom de la loi on persécutoit les officiers municipaux.

Oui, c'est vous, administrateurs trompés ou trompeurs, qui toujours la loi sur les lèvres, au milieu des conflits de l'aristocratie et du patriotisme, avez toujours assuré le triomphe des ennemis de la liberté.

C'est vous qui, par une tolérance hypocrite pour les conspirateurs, avez enhardi et déguisé les conspirations.

C'est vous qui avez souffert que l'une de vos séances fût souillée de la lecture d'un ouvrage incendiaire, dont l'auteur est resté votre vice-président, six mois encore après avoir eu l'audace de prêcher la contre-révolution au milieu du conseil général de votre administration.

C'est vous qui, méprisant les conseils de l'opinion publique, avez élevé à la place de secrétaire général du département, un homme flétri même sous l'ancien régime, et qui a fini par emporter la caisse.

C'est vous qui tenez à votre solde des commis, l'écume de l'ancienne bureaucratie de l'intendant Flesselles, dont l'un a été convaincu de correspondance avec des émigrés, et l'autre se flatte publiquement de gagner son argent à calomnier l'assemblée nationale.

Et vous osez vous vanter en présence de cette même assemblée de quelque patriotisme, vous qui, abusant lâchement de l'autorité que vous tenez de la constitution, sur les administrations inférieures, ne la faites servir qu'à les opprimer.

Vous vous dites les amis de la révolution, et vous poursuivez ceux par qui cette révolution s'est faite. Vous parlez de votre surveillance

pour

pour les intérêts du peuple, et vous répondez à ses plaintes et à celles de ses magistrats, en l'entourant de bayonnettes, et en l'investissant de soldats étrangers : et lorsque le gouvérnement jugeant les troupes inutiles et nuisibles à Lyon, les a retirées, vous avez calomnié le peuple en parlant d'émeutes et de séditions.

Vous vous annoncez comme les protecteurs de ce même peuple, et vous vous joignez à ses plus mortels ennemis, pour persécuter ses délégués immédiats avec un acharnement dont les intendans et leurs subdélégués ont à peine fourni des exemples; voilà vos titres à la bienveillance publique. Voilà les services que vous rendez à la cause de la liberté. Est-il un genre de depotisme plus odieux, que celui que vous exercez sur les municipalités qui vous sont soumises ?... Vous dites que celle de Lyon est la seule qui se plaigne, mais celle de St. Chamond, ne demande-t-elle pas aussi justice de vos arrêtés? Ne l'avez-vous pas livrée aux tribunaux, pour n'avoir pas fait couler le sang du peuple, pour n'avoir pas voulu publier la loi martiale contre des citoyens qui démolissoient les vieilles fortifications d'un château d'émigrés ?

Toutes ces manœuvres décèlent trop bien vos projets : nous ne vous accuserons pas de vouloir faire la contre-révolution ; mais vous favorisez, vous secondez puissamment ceux qui y travaillent, et semblable à ceux qui prennent pour devise, *toute la constitution*, *rien que la constitution* ; vous posez une pierre d'attente pour le tems où vous espérez, comme eux, un changement favorable à vos vues, dans le nouvel ordre de choses que la nation à adoptée.

Vos dispositions, sans doute, n'échapperont point aux représentans du peuple, ils sauront démêler vos artificieuses combinaisons, ils appercevront tout le venin de vos arrêtés, et vengeront la municipalité et le peuple de Lyon de vos longues vexations.

Les Maire et Officiers municipaux de Lyon.

www.ingramcontent.com/pod-product-compliance
Lightning Source LLC
LaVergne TN
LVHW012011160826
845678LV00002B/764